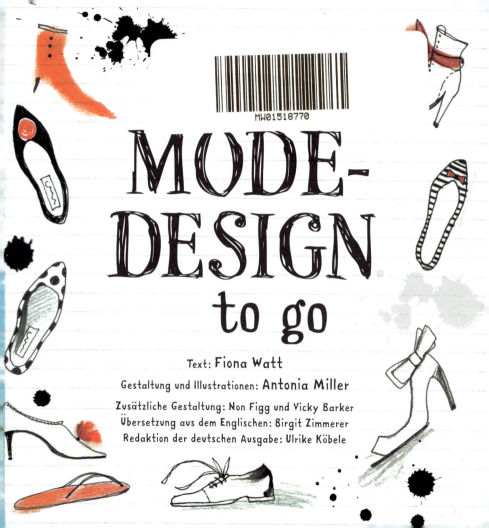

MODE-DESIGN
to go

Text: **Fiona Watt**

Gestaltung und Illustrationen: **Antonia Miller**

Zusätzliche Gestaltung: Non Figg und Vicky Barker
Übersetzung aus dem Englischen: Birgit Zimmerer
Redaktion der deutschen Ausgabe: Ulrike Köbele

Gestalte Outfits für diese Modepuppen.

Verziere diese Handtaschen mit Mustern und male sie aus.
Hier ist Platz für deine eigenen Entwürfe:

Zeichne Party-, Ball- und Abendkleider – oder was dir sonst einfällt.

Entwirf deine eigene Frühjahrskollektion.

Lass noch mehr Kundinnen durch dieses Kaufhaus schlendern.

Fülle die Kleiderstangen und Tische mit Anziehsachen.

Entwirf
modische Hüte.

12

Designer-Tipp:
Male zuerst die
Hüte, dann die
Haare.

Verziere diese
Kleider für eine
Filmpremiere.

14

15

Fülle diesen Kleiderschrank mit Anziehsachen, Hüten und Taschen.

Male diese
Muster ab
oder entwirf
deine eigenen.

Ergänze Haarschmuck, Ohrringe und verschiedene Brillen.

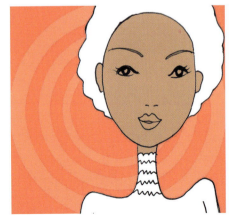

Male diese
Wintermäntel
in kräftigen
Farben aus.

23

Entwirf eine Modekollektion für den Alltag.

Male dieses blumige Stoffmuster aus.

Stelle die Kleidungsstücke dieser Models für den Laufsteg fertig.

Verziere diese Ballkleider mit Schleifen, Rüschen und funkelnden Diamanten.

Schuhe, Stiefel, High Heels,
Sandalen ... Fülle diese Seite.

Zeichne Spitze oder Muster auf diese Abendkleider.

37

Male noch mehr perlen-
und juwelenbesetzte
Anhänger an diese Ketten.

Entwirf zwei elegante Hüte.

Betätige dich als Stoffdesigner und fülle die Quadrate mit Mustern.

Was tragen diese Models auf dem Laufsteg?

Sind die Entwürfe ganz verschieden oder alle aufeinander abgestimmt?

Pastelltöne oder knallige Farben? Du entscheidest!

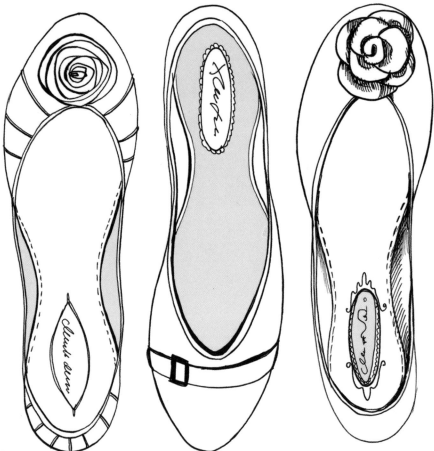

47

Zeiche filigrane Muster
auf diese Hochzeitskleider.

Male dieses Stoffmuster aus. Wenn du möchtest, ergänze noch mehr Details.

Dekoriere dieses Schaufenster mit weiteren Taschen.

Male all diese
Knöpfe aus.

Statte diese Puppen mit Kleidern, Hüten und Accessoires aus.

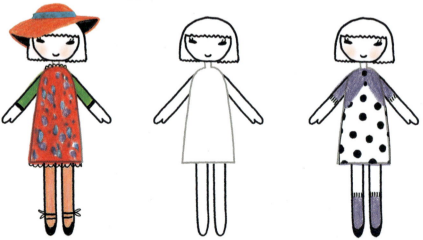

Entwirf elegante Parfümflakons.

Zeichne diese Kleider im Stil der 1920er fertig.

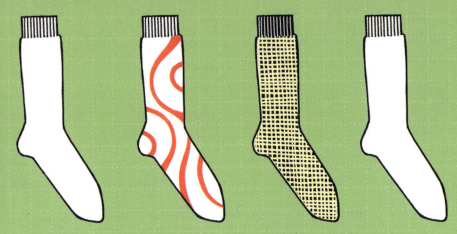

Verziere diese Socken mit verschiedenen Mustern:
ausgefallen und knallig oder schlicht und in sanften Farben.

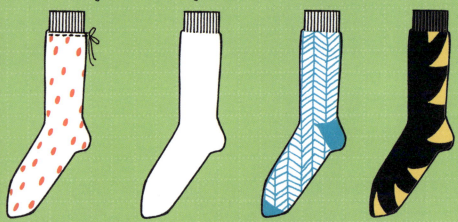

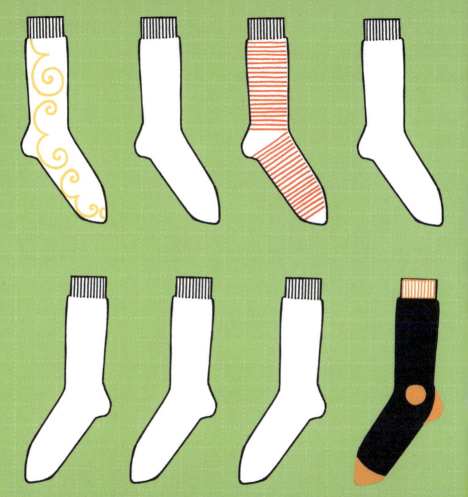

Male verschiedene Frisuren.

Ergänze passende Ohrringe, Halsketten und andere Accessoires.

Einkaufstrubel am Wochenende. Fülle die Straße mit Menschen.

Zeichne noch mehr Schuhe auf diese Doppelseite.

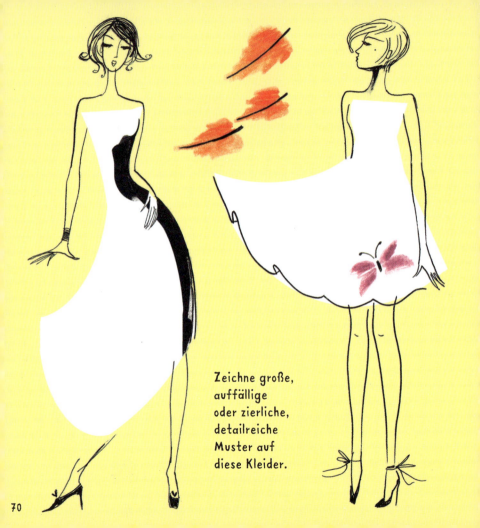

Zeichne große,
auffällige
oder zierliche,
detailreiche
Muster auf
diese Kleider.

Du kannst auch
den Hintergrund
mit Mustern
verzieren.

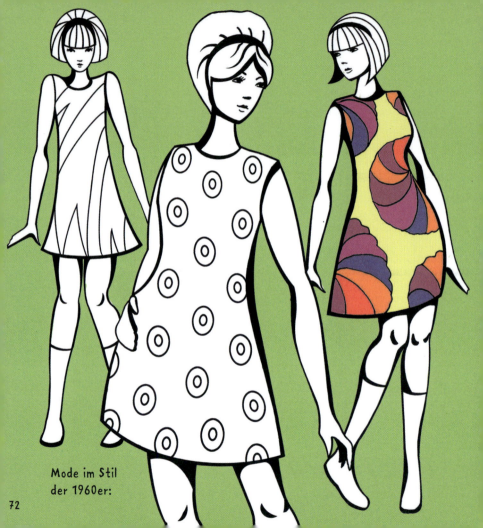

Mode im Stil
der 1960er:

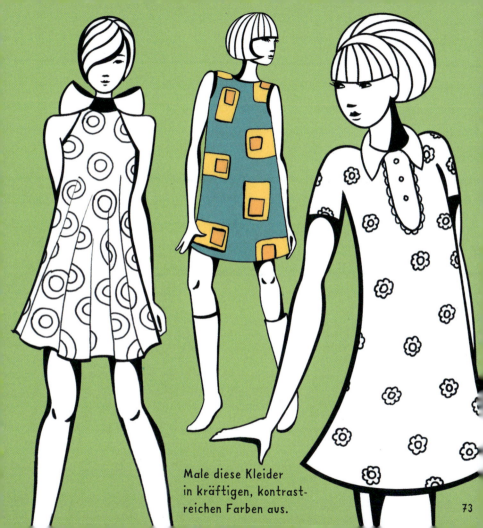

Male diese Kleider in kräftigen, kontrastreichen Farben aus.

Male diesen Gebäuden Fenster, Türen und Dachziegel.

Dann fülle die Einkaufsstraßen mit Menschen.

Stelle diese Seite aus einem
Designer-Skizzenbuch fertig.

Vorschläge für
Stoffmuster

76

Entwirf hier
deine eigenen
Stoffmuster.

Zeichne diesen Schaufensterpuppen modische Outfits.

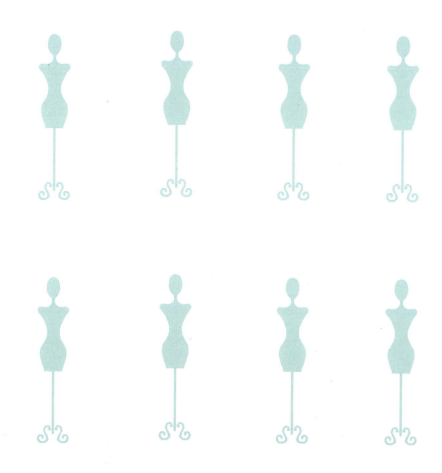

Ergänze alle möglichen Accessoires ...

Entwirf eine Knopf-Kollektion.

In diesem Schaufenster siehst du viele
schöne Sachen – ergänze Details und Farbe!

Spitzenmuster zum Ab- und Weitermalen.

Füge Haare und
Make-up hinzu.

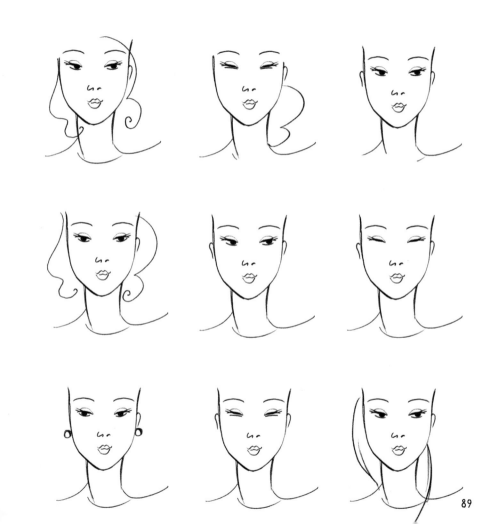

Entwirf lässige Outfits fürs Wochenende.

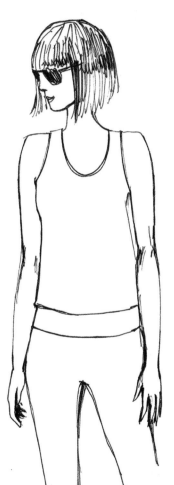

Male diese Besucher einer Modenschau aus.

Zeichne noch mehr Zuschauer.

Verziere diese
Designer-Kleider.

Betätige dich als Stoffdesigner und fülle die Felder mit Mustern.

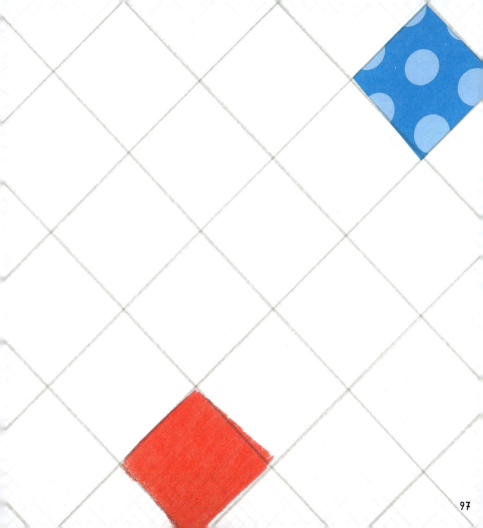

Entwirf für jedes Model ein passendes Outfit.

Verschönere diese Fingernägel.

Zeichne auch ein paar Ringe.

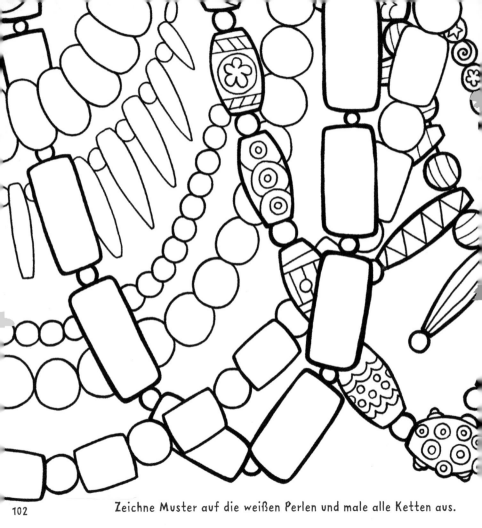

Zeichne Muster auf die weißen Perlen und male alle Ketten aus.

Entwirf sommerliche Drucke für diese T-Shirts.

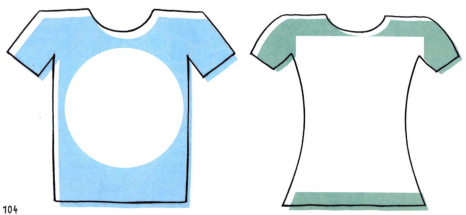

Gestalte diese
Stoffmuster.

Betätige dich als Hairstylist. Male diesen beiden Models modische Frisuren.

Was ziehen diese Mädchen heute an?

Male die Spitzenmuster ab oder entwirf deine eigenen.

Verziere diese eleganten Schuhe.

114

Wie wäre es mit Kringeln, Punkten oder Sternen?

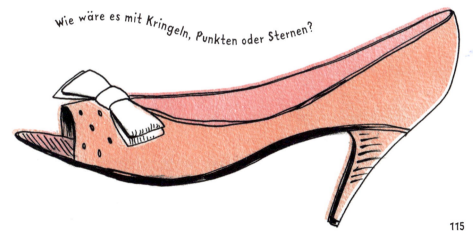

Fülle diese Doppelseite mit vielen Accessoires.

Entwirf eine Kollektion für ein Sommerfestival.

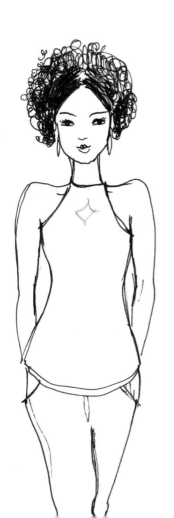

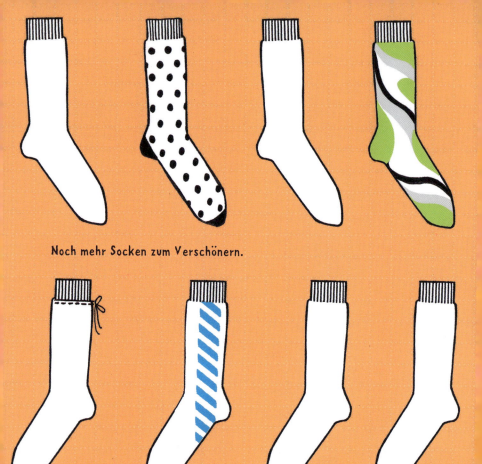

Noch mehr Socken zum Verschönern.

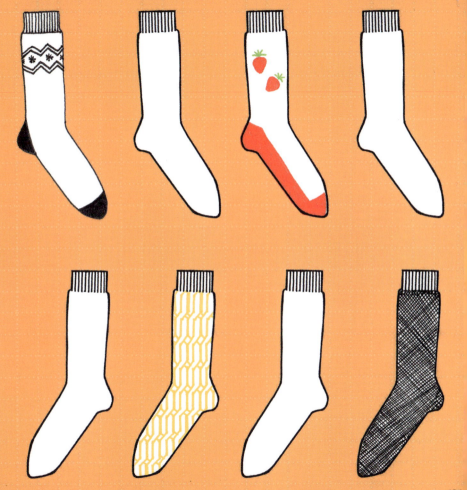

Ergänze Details an den Fenstern, Türen und Dächern.

122

Male auch noch ein paar Menschen.

Gestalte deine eigene
Perlen-Kollektion.

Male all die schönen
Dinge in diesem
Schaufenster aus.

Male Schmuck, Haarspangen,
Make-up und Pflegeprodukte
auf diesen Schminktisch.

3. Auflage 2017 © 2015 für die deutsche Ausgabe: Usborne Publishing Ltd., 83-85 Saffron Hill, London EC1N 8RT, Großbritannien.
Titel der Originalausgabe: Pocket Fashion Drawing Book © 2015, 2012 by Usborne Publishing Ltd., London. Der Name Usborne und
die Symbole ♀ ⓤ sind eingetragene Markenzeichen von Usborne Publishing Ltd. Alle Rechte vorbehalten. Ohne ausdrückliche
vorherige Genehmigung des Verlags ist es nicht gestattet, die vorliegende Veröffentlichung in irgendeiner Form mit beliebigen
Mitteln (unter anderem elektronisch, mechanisch, durch Fotokopie oder Aufzeichnung) ganz oder teilweise zu reproduzieren,
in einem Datenabfragesystem zu speichern oder zu verbreiten.